© 2017, Rizzi, Angelo
Edition : Books on Demand,
12 / 14 rond point des champs Elysées, 75008 Paris
Impression : BoD - Books on Demand Norderstedt, Allemagne
ISBN : 9782322077427
Dépôt légal : mars 2017

Angelo Rizzi

El marcalibros

Imagen de la cubierta : hoja de arce

Otras obras del mismo autor :

- *'Asfâr wa sirâb – Viaggi e miraggi (*árabe-italiano), ed. I Fiori di Campo, 2003

- *'Inni qarartu 'Akhîran an 'arhala b'aîdan m'a-l-laqâliq – Ho deciso finalmente... andrò via con le cicogne...*, (árabe-italiano), Collezione Maestrale, 2005

-*Decidí finalmente... irme con las cigüeñas* Associazione Dreams, 2005

- *Poésias desde la ciudad de Menton,* poemario (bilingüe español-francés) ed. Edilivre, 2008 ; ed. BOD, 2016

- *Silvia o la ilusión del amor*, ed. Lampi di Stampa, 2010

- *Tierra del Fuego*, ed. Lampi di Stampa, 2014

- *Il caimano*, (italiano) ed. BOD, 2014

- *Muhît al-kalimât – Oceano di parole*, (árabe-italiano) ed. BOD, 2014

- *Guardando altrove*, (italiano) ed. BOD, 2016

- *Poesia della Nuova Era Vol. I*, (italiano) ed. BOD, 2016

- *Rotta per l'India* (italiano), ed. BOD, 2016

Biografia

Angelo Rizzi nació en Sant'Angelo Lodigiano, Italia. En 1990 ha obtenido un Diploma en Árabe Clásico en el IS.M.E.O. (Instituto por el Medio y Extremo Oriente – Milán – Italia) y en 1996 una Licenciatura en Lengua, Cultura y Literatura Árabe en la Universidad Michel De Montaigne en Bordeaux, Francia.
Textos suyos se recogen en revistas y antologías de Italia, EE. UU., Cuba, Suiza, Argentina, Brasil y Kuwait.
Poeta polígloto, fascinado por los idiomas y las culturas diferentes, Angelo Rizzi escribe en árabe, español, italiano y tiene publicado *Decidí finalmente... irme con las cigüeñas* (Associazione Dreams) 2005, *Poésias desde la ciudad de Menton*, ed. Edilivre 2008 y ed. BOD 2016, (poemario bilingüe español-francés), *Silvia o la ilusión del amor*, ed. Lampi di Stampa 2010 y *Tierra del Fuego*, ed. Lampi di Stampa 2014, más tres poemarios en italiano y otros tres poemarios bilingüe árabe-italiano.
Su obra ha recibido diversos reconocimientos y entre los màs importantes obtuve el prestigioso Premio Mundial Nosside, Italia 2004; por tres veces Segundo lugar en el Premio Internacional Tra le parole e l'Infinito, Italia 2005, 2006, 2007 y Ganador del mismo Premio en el 2008. Fue Finalista en Premios

Internacionales en Melilla, España 2005; en Basel, Suiza 2008, en Córdoba, Argentina 2008, en Venezuela 2009, Seattle, EE. UU., 2015 y obtuve también una Mención Internacional en el Premio Alpas XXI, Brasil 2009. Ganador en el Premio Internacional de Poesia "Città di Sassari" por la poesía inedita, Italia, 2010. 2° Lugar del Jurado de las Escuelas por la obra *Silvia o la ilusión del amor*, siempre en Sassari, 2011. Mención Especial de la Critica y Premio Especial de la Critica del Jurado de las Escuelas por la obra *Poésias desde la ciudad de Menton* en el Premio Internacional "Città di Sassari", 2012. Premio por la Mejor Obra en lengua extranjera en el Certamen Literario Internacional "Locanda del Doge", por *Poésias desde la ciudad de Menton*, Italia, 2013. 2° Premio por la poesía estranjera en el Certamen Internacional *"Carmelina Ghiotto Zini"*, Italia, 2013. Ganador por la poesia inedita en el Certamen Internacional Città di Voghera, Italia, 2014. Segundo Premio por el poemario *Muhît al-kalimât – Oceano di parole* en el certamen Il Litorale, Italia, 2016. Más otras menciónes de honor y premios por la critica.

El autor ya es miembro de WORLD POETS SOCIETY, de REMES (Red Mundial des Escritores en Español), de POETAS DEL MUNDO y de SELAE (Sociedad de Escritores Latino Americanos y Europeos).

Participaciones literarias:

2004 – Recital poetico en el Instituto Italo-Latino Americano en Roma.
2005 – Huésped de Honor en la Premiación del Premio Nosside Caribe en la Feria Internacional del Libro de La Habana.
2005 – Festival de la Poesia en La Habana.
2006 - Recital poetico en la Feria Internacional del Libro de La Habana.
2006 – Recital Poetico en el Instituto del Mundo Árabe, en el ámbito del congreso a la UNESCO, París - Francia, por el *"Diálogo entre las Naciones"*, de la Fundación Abdul Aziz Saud al-Babtain, Kuwait.
2014 – Feria del Libro de Monaco.
2014 – Feria del Libro de Breil-sur-Roya
2014 – Feria del Libro de Mouans-Sartoux.
2015 – Feria del Libro de Monaco.
2016 – Feria del Libro de Monaco.
2016 - Festival Internacional de la Poesía de Curtea de Argeş, Rumania

En el 2016, la « Academia de Artes, Letras e Ciéncias ALPAS 21 », en Porto Alegre Brasil, lo ha nombrado : Académico Correspondiente Internacional.

Un paisaje finisecular como marcalibros

La soledad puede envolver al poeta, pero no su pasión por lo bello. Lo bello visto desde el paisaje. Como si fuera un diario de un artista se suceden estas páginas que el escritor Angelo Rizzi (Sant´Angelo Lodigiano-Italia, 1956) nos ofrece en una gran apuesta por lo finisecular del paisaje. Con una sólida obra literaria el bardo ha sabido hurgar en nuevos tiempos, también visto desde la continuidad de poemarios como "Decidí finalmente… irme con las cigüeñas" o "Silvia o la ilusión del amor", entre otros, que muestran no solo la elegancia en el decir con el dominio de construcciones poéticas de elevada calidad sino también en la sustancia que envuelven los textos, en particular el lenguaje refinado y preciso.

El poeta tal parece que se desviste antes de escribir esa pasión que nace de la desolación del paisaje y de allí su tarea como artífice o constructor de lo que necesariamente necesita: su verdad. Pugna así su lírica con el vacío que resulta su existencia y recobra para ello todo lo que encuentra a su alrededor:

Acuden los albatros
reconociéndome
es una fiesta, un encuentro

De tal modo, conviven en el imaginario del poeta las verdaderas sustancias que merodean y vuelven a merodear al artista para negarle su soledad. La calma es también aquí un sujeto lírico que se advierte en lo minimal del poema, en sus vórtices donde uno descubre la precisión del orfebre, la manualidad del artista que conoce los territorios que va teniendo frente a él. Por lo que resulta que Angelo Rizzi se ha adueñado de un modo de decir, de una sabiduría para demostrar el cosmos que sustenta tantas verdades.
Él ha salido al mundo para llenar de cantos tibetanos los cielos. Aquí el lector encontrará albatros, primaveras, gaviotas, el mar, pero también estarán sus amigos, su familia, el amor que espera encontrar o le habita. Un mundo tan diverso como latente se hacen entre las palabras y las páginas de este libro. Y es que resulta que Angelo domina el sentido de las palabras, las convoca con solo mirarlas, tal vez por el conocimiento que tiene de otros idiomas como el árabe, el francés, el italiano, su cultura le ha permitido asimilar viajes incontinentes alrededor del mundo.
Su expresividad gana terreno en el trueque de las palabras que provocan un giro elegante y poco visto en la poesía hispanoamericana actual. Hoy el lector tiene en sus manos un hermoso e intenso poemario, en

un momento tan particular cuando la poesía no está en su mejor momento. Angelo Rizzi es heredero de una tradición muy fuerte, él sólo sabe a dónde llegará con estos poemas que a manera de navíos se entrecruzan una y otra vez, forjando un itinerario que no parece abandonarnos.

La dimensión de estos textos está en la memoria. Aquí el lector podrá sostener definiciones del artista, es como si el poeta conociera de la realidad y nos emplazara con sus emociones, a manera de marcalibros, es decir sajaduras que nadie podrá esquivar por mucho que naufrague desde estas escrituras. Hay como un acto de apostar por la justificación de las cosas. De allí que se requiere dejar una huella en cada página, en cada necesidad que ofrece el poeta. Por ello, el magisterio del escriba y la delicadeza que expone.

El mundo es dado en estas páginas por el elemento táctil. No sabemos bien el escenario en que el poeta escribió cada texto, pero si seremos capaces con buenas lecturas de asumir esos reinos que nos devuelven una gran paz. Por esa razón cada poema es parte de un territorio que se hace más evidente en la medida que tomamos conciencia de que existe o debe existir. Es una gran sabiduría esta que el escriba reconoce después de morar en el paisaje y nos propone así su verdad a manera de beldad.

Angelo Rizzi acuña con este libro un gran desasosiego que ronda entre las cosas esenciales para mostrarnos la paz que resulta de esa gran contemplación, de esa sabiduría. ¿La poesía será capaz de sostener las esencias…? Apostemos de que ciertamente será así. Dejémoslo a que nos atrape en estas páginas, desde lo finisecular del tiempo. Yo me he sentado desde los primeros versos en busca de esas tempestades que a manera de marcalibros también dibujo en la vida para seguir apostando por esta obra que bien merece ser leída y divulgada. Tomemos estimado lector un tiempo en esos senderos para contemplar platónicamente lo hermoso de las cosas.

Luis Manuel Pérez Boitel
En el breve invierno de Cuba, 2016

El marcalibros

Artistas

Paso y repaso
a lo largo de la playa
todo vestido de blanco
como un gaviota
es domingo, quizás lunes
blanco también, es el libro
que tengo en la mano.
Acuden los albatros
reconociéndome
es una fiesta, un encuentro
poetas, pintores, artistas
de la palabra
de la imagen
del vuelo.

El año nuevo

Ojalá, ya fuera mayo
para quedarme un rato
con las rosas
contarles de los amigos poetas
de otras flores, amores
los ojos conmovidos
llenos de primavera
contarles de mi cuaderno de azafrán
donde escribiré
las poesías del año nuevo
el viejo se apaga en la serenidad
con versos de nieves
unas copas de champagne.
Ojalá, ya fuera mayo
para seguir conversando
con las rosas.

Flor de loto

Una vela
que se apaga
luz que falta
humo que alcanza la nariz
música jazz
que sube lentamente
piano, guitarra, violín
batería
como flor de loto
que se entreabre
manos que se mueven
en busca de signos
sonidos
amor.

La narración

El mar cuenta su historia
gaviotas paradas en la tierra
escuchan atentas
pues una se mueve
está siempre la que se aburre
otra se limpia y lanza miradas
disfrutando de este mar suave
que calmo acaricia
la playa de piedritas
acaricia las ideas
la dulzura de este día.
La gaviota soltera, más grande
se eleva de repente
en vuelo
planeando
entre sí misma y el cielo
ay, como la envidio
volar, volar y volar
y aún volar.
Un barco
deja rastros blancos
el mar sigue su narración
con olas y olas

en la playa
colillas de cigarillos
y una paloma de cuello morado
picotea mi zapato
con hambre y curiosidad.
Una ola más fuerte
la narración se vuelve intensa
dos gaviotitas se añaden al público
y llegan cinco más
una ola se levanta más alta
se deja caer contra la playa
en un mundo de espuma y sal
y otra ola más, el mar sigue
contando su historia.

El Olimpo

Entendí mejor decir
que sobre el Olimpo
ya no se quedan algunos dioses
regresamos a la origen
buscando el único Dios
oralmente
cuando necesitamos
con el intelecto
cuando la vida es deuda
con el arte
buscando a nosotros mismos.

Cantico

La poesía es mi tambor
mi trompeta
mi voz y mi silencio
es el monte que veo
a través de la ventana
puntejado
de árboles de mimosa
la poesía es mi casa, mi arma
mi ternura, mi pintura
no obstante no sé pintar
es el alto ciprés delante
que dobla su cima al viento
las palomas que discuten
sobre el techo
¡ ay, como discuten !
la poesía es una música
que sube
baja de tonalidad
en un ritmo que sigue la vida
es todo y nada
fuerza y fragilidad
es lo que sabes
y lo que crees saber

los hechos escomptados
las sorpresas
la mancha de hortensias
que riego en el balcón
la poesía es una ola
una marea, un cantico
una iluminación
las manos de un poeta
que escribiendo
le reflejan su alma
la adelfa rosada que aún
no compré
el nombre de los arbustos
de las flores
los pajaritos que se vuelven locos
por la alegría de la juventud
por esta proxima primavera
la poesía es mi adentro
mi afuera
la poesía
es
el
camino.

Un domingo de febrero

¡Aquí estamos! Yo sólo
entre callejitas que se despiertan
un domingo de febrero
y muchedumbres de palabras risueñas
miradas que paseando
recogen abanicos de sonrisas
gestos anunciando la primavera
que vendrá abrazándonos,
a nosotros todos.

¡Aquí estamos! Yo sólo
bajo la estatua de Colón
y sé
que en la otra orilla
de este querido mar
por la izquierda
alguien a sorbos
degusta un café turco.

¡Aquí estamos! Yo sólo
me invade una gana
de critar

hacia oriente
hacia occidente
hacia el zenit
hacia el cientro de la tierra.

Barna (Barcelona)

Sentado
sobre el parco Güell
tengo Barcelona
destendida a mís piés
desnuda
sobre la cima
de una rima.

El secreto

Mirando
hacia un jardín imaginario
he divisado
una mariposa que soñaba
he esperado
la llegada de otras mariposas
hasta el día en que
he cogido sus secreto.
Ahora
sólo queda que descubrir
como sueñan las rosas.

¡Y Tú, Rosa!

Esplorando
lograré
descubriré el secreto.
Siento en que me acerco
a la verdad
observando
como sueñan las rosas
y como se despiertan
al amanecer
quierendo y buscando
la luz
simplemente
y agua nueva.
¡y Tú, Rosa !
mi madre
¿cómo soñaste
por ochenta años?
Gozaste y sufriste
en tu vida
lo veo en tu última foto
la que hiciste
por tu cumpleaños

justo un mes antes
el momento final.
¿te acuerdas Rosa ?
como serìa feliz
si pudiera acariciar
tu rostro
sólo otra vez
como acaricio
una rosa en la rosa.

Poema del agua

Adentro la botella está
el agua del sediento
el agua del milagro
afuera la botella
picos nevados
hielos que se desterren
se vuelven
arroyos, ríos, mares
océanos
como fueran
palabras de poeta.

Un día separados

Mis pensamientos, hoy
parecen caballos, corriendo
no sé donde, ni quiero saberlo
los dejo ir, desean libertad
yo también, de ellos
ningun compromiso
entre nosotros.
Son lindos mis caballos
cuatro blancos, uno manchado
los otros siguen, levantando cabezas
estaremos bien, en la serenidad
separados por un día.

Donde todo se sabe

Los enigmas me cantan
canciones de dudas
preguntas y unas respuestas
más de cincuenta años
oyendo sus ecos.
Vivimos una era
donde todo se sabe
mientras las dudas
aumentan.

Mediterráneo

Sonidos de Africa
cortan este grande mar
che está en el medio
testigo de civilizaciones
que aquí nacieron
se afrontaron
dialogaron.
Sonidos navigando
para alcanzar Europa
como emigrantes desesperados
unos llegan
otros se pierden
entre las olas.

Conmigo los poetas, siempres

Seguramente Boitel, poeta amigo
está leyendo, escribiendo
circulando por su isla
trabajando, poetando
me telefonó el año pasado
en casa de Eloy
en La Habana
hablando de la vida, de la escritura
es facil con él
cambiar las noticias, las emociones
su grande alma de poeta
viviendo y sufriendo
en el cuerpo de la poesía.
Tres veces encontré Luis Carlos
la primera vez conversando mucho
en el paseo al lado del mar
en la ciudad del bergamote
en la punta de la bota Italia
días inolvidables
luego en su tierra cubana
con su esposa Lucia, poeta también
que escribe los sueños con delicadeza.
Rosa, poetisa en la isla cercana
su poesía me habla como una hermana

que nunca vivió conmigo
ella conoce el secreto
de la Caja de Pandora.
Se sentó a mi lado, Pedro
en la Feria del Libro
en la fortaleza de la Cabaña
hombre de inmensa cultura
agradable momento y comienzo
de una futura colaboración.
En casa de Eloy
me llamó tambien Yoselin
poetisa dominicana
la primera
escribiendo sobre de mí
escribe poemas cortos, precisos
componiendo no utiliza la tinta
pero el miel.
Hoy, me escribió Ana Patricia
invitándome desde Colombia
a un cambio de versos y libros
nos faltó la ocasión de conocernos
pero alcanzamos un trueque de palabras
dando las gracias a Eloy
compadre de la poesía, de los poetas, del mundo.

Anna Maria

Mi abuelita Anna Maria
sonreía siempre
no hablaba mucho
eternamente viuda
vestida de negro
cocinaba, limpiaba
era linda mi abuelita
su rostro como un ave
con alas verdes y rojas
de cabecita azul
su alma un arco iris
sus silencios fueron
compañeros de mis juegos
el comienzo de mi poesía
tan bella mi abuelita
mi abuelita linda
la cabellera negra
más negra que la noche
los ojos como tinta
profundamente dulces
las manos
como dos pequeñas lunas
siempre llenas de ternura

la tarde la encontraba
sentada en el sofá
orando en la obscuridad
con el rosario en la mano
la noche se acostaba
de costumbre la primera
la mañana despertada
aún por la primera
por once años fue mi niñera
yo su niñero por una mañanita
el unico día que no se levantó
mientras cantando canciones
solo en el salón
la llamé y sin respuesta
me fui hacia su cama
tenía los ojos abiertos
y la sonrisa tierna
tan bella Anna Maria
mi abuelita linda
sonreía como siempre
y de costumbre no hablaba mucho
mi abuelita
mi abuelita linda.

Como un águila

Alta es la montaña
de la vida
en abrazos el cielo
como águila.
Cien nubes danzan
y se van en coro
es una fiesta
de todo y nada
viejos amigos
imagenes
me llegan de repente
vislunbres de memoria
istantes desleídos
todavia vivos.

En la playa

Los piés desnudos
las piedritas bajo la piel
humeda mañanita
ciudad que se despierta
gana de escribir
todavia los piensamientos duermen
pero la esperanza
vigila.

Horizontes

Reapareces vela solitaria
hace tiempo
nos vimos ya.
Por detrás del horizonte
envio aplausos
a tu poesía
a tu ausencia
descubriéndote de nuevo.
Otra vela se acerca
blanca
ponéndose a tu lado
¿así que la soledad te molesta ?
Deslizas sobre el mar
azul eléctrico
muchachos en la playa
mueven cometas.
Por detrás del infinito
aparece otra vela
roja
como llama de fuego.

La luz

Un rayo de luz
anaranjado
apareció de repente
en mi día
justo en el momento
que todo me parecía
comedia.

El marcalibros

Si fuera hoja de arce
cuando el momento venga
me dejaría caer, altalenando
al borde del Canadá.
Pero no estaría firme
y al primero soplo de viento
me iría lejos bailando
entre cimas de árboles
sotobosques, nuevos barrios.
Seguiría las riberas
los ríos de Quebec
rozaría sus aguas.
¡Ay, escalofrío peligroso!
¡Adrenalina vegetal!
Apenas en vista del crepúsculo
viajaría toda la noche
como las sombras cuando
llaman a gran voz la ironía.
Buscaría señales de vida
resbalando entre cuernos
de inmóviles alces
entre patas
de enfurecidos osos.

Evitaría los lagos
aunque famosos y puros
dónde el cansancio
pudiera hacerme bromea.
Un soplo de viento
me haría volar
para arriba sobre
en fin aún más para arriba
y desvaneciéndose de golpe
me dejaría a mí mismo
en una rápida caída a remolino
para descansar y vivir-morir
entre las páginas de un libro.

Simbiosis

Adoro la música
pero en el silencio
encuentro la simbiosis
tengo unos pensamientos libres
más ligeros
sin filtros, ni parásitos
sin obstáculos sonoros
trampas del placer
soy sólo Yo, yo
con mayúscula o minúscula
afrontando lamentos viejos
nuevas ideas
más disponible por la vida
confio en mi centro de gravedad
que se fija en la melodía del silencio.

Se han ido

Otoño, hoja que cae
balanceándose
entre los pensamientos
el aire también se para por mirar.
Los grillos se han ido desde tiempo
sus ecos se quedan entre nosotros
como una muda alegría
como un baile de flamenco
parado de repente
como un beso de amor
de lo o la que te quiere.

La inexitud

El sol es de oro
¿está llorando ?
son cicatrices de rocío
huellas de auroras precedientes
balsamo
para la inexitud de la vida.

Me rio

Me río entre los arboles
de una floresta de ideas
donde paseo desde esta noche
amaneciendo gozo
de las primeras luces
pero no del cielo
tantas son las hojas
y solo pasan unos rayos
los más orgullosos.
Me río de lo que me ocurrió
de lo que me ocurre
titubeo a reirme del futuro
¿y por qué no?
si, me río
es una forma de coraje
sin embargo adelantando
sin perder el norte
con una pizca de estrategia.
Paseando, el día se abre
iluminando este espacio verde
suenan las campanas de una torre

quizás un pueblo cercano
quizás el juego de hojas
un soplo de aire
una iglesia de pueblo
un pueblo
un escalofrío felíz.

Interludios

I

Bajan las sombras
un astro, dos, tres, diez.
Esta noche no estaré sólo

II

¡Gaviota !
cuando te observo voltear
la envidia es más grande
que la admiración

III

¡Gaviota !
¿Lo haces a proposito
de volverme envidioso ?

IV

Concentrándome
en la enmensidad del mar
me siento como un punto.
¡Ay ! Otros puntos que pasan

V

Cuento los tañidos de las campanas
las tres de la mañana
de nuevo no logro dormir

VI

Mirando
las flores de melocotonero
reaparecen felices
mis doce años

VII

Incienso de sandalia
escuchando Ravi Shankar
el cuarto se inunda de poesia

VIII

Cansado, me extiendo en mí mismo
los músculos se relajan
los pensamientos se posan

IX

Dueto por sitar
de nuevo, música de India

X

Ya es tarde
el sueño me circunda
querría entregarme a él
cautivo felíz

XI

Luna menguante
me molesta un viento idiota
en la playa, ruidosa resaca

XII

Ruidos de pasos
alguien baja por la escalera
silbando

XIII

Nadie en la calle esta noche
de puntillas, el silencio

El marcalibros

Artistas
El año nuevo
Flor de loto
La narración
El Olimpo
Cantico
Un domingo de febrero
Barna (Barcelona)
El secreto
¡Y Tú, Rosa!
Poema del agua
Un día separados
Donde todo se sabe
Mediterráneo
Conmigo los poetas, siempres
Ana Maria
Como un águila
En la playa
Horizontes
La luz
El marcalibros
Simbiosis
Se han ido
La inexitud
Me rio

Interludios

I
II
III
IV
V
VI
VII
VIII
IX
X
XI
XII
XIII